soldados de salamina

**Basada en el guion de David Trueba
(basado en la novela de Javier Cercas)**

Directora de la colección: Jacquie Bloese
Adaptación: Noemí Cámara
Edición: Cecilia Bembibre
Diseño: Javier Otero
Maquetación de cubierta: Edinumen
Edición gráfica: Emma Bree

Páginas 4 y 5: B. Lawrence, AGE, Robert Harding/Superstock; 7io, Designs 4601 LLC/iStockphoto.
Páginas 56 y 57: Ingram/Alamy; Ullstein Bild/Topfoto; Bettmann, Marco/EFE, J. Pavlovsky/Sygma/Corbis.
Páginas 58 y 59: EFE/Rex; Archives du 7e Art/DR/Photo 12; D. Mac Medan, A. H. Walker/Getty Images; Academia de las Artes y Ciencias Cinematográficas de España; 20th Century Fox/Allstar; C. Hudson, R. Wilson/iStockphoto.
Páginas 60 y 61: Dynamic Duo Studio, Images.com/Corbis; Dcervo, nazdravie, S. Mitic, Tupungato/iStockphoto.

'Soldados de Salamina' © Lolafilms, S.A. Fernando Trueba, P.C., S.A.

Ficha técnica y diseño © Scholastic Ltd 2011.
Todos los derechos reservados.

Publicado por Scholastic Ltd 2011 para Edinumen

Queda prohibida la reproducción total o parcial de esta publicación, así como su almacenamiento en una base de datos o sistema de recuperación, su transmisión electrónica, mecánica, por fotocopia o grabación o de cualquier otro modo, sin previa autorización escrita del editor. Para cualquier información relativa a esta autorización escriba a:

Mary Glasgow Magazines (Scholastic UK Ltd.)
Euston House
24 Eversholt Street
London
NW1 1DB

Impreso en Singapur

CONTENIDOS

	PÁGINAS
SOLDADOS DE SALAMINA	4–55
Gente y lugares	4
Introducción	6
Capítulo 1: Una escritora sin inspiración	8
Capítulo 2: ¿Qué es un personaje?	9
Capítulo 3: El artículo sobre la Guerra Civil	12
Capítulo 4: Primeras pistas	17
Capítulo 5: El padre de Lola	21
Capítulo 6: Lola viaja a Madrid	24
Capítulo 7: El diario de Rafael	28
Capítulo 8: «¿Quién fue ese soldado?»	32
Capítulo 9: 'Los amigos del bosque'	36
Capítulo 10: ¿Un nuevo héroe?	40
Capítulo 11: Una visita sorpresa	45
Capítulo 12: «Todos ellos son mis héroes»	54
Fichas técnicas	56–61
La Guerra Civil Española	56
Los Goya	58
El escritor: ¿un detective en acción?	60
Trabajo individual	62–64
Vocabulario nuevo	Interior de contraportada

GENTE Y LUGARES

GENTE

LOLA CERCAS

Lola es periodista y escritora. También trabaja de profesora de Literatura en la Universidad de Gerona. Es curiosa, inteligente y generosa. Lola tiene talento pero no tiene inspiración. Un artículo en el periódico es el principio de su investigación... ¡y de sus aventuras!

CONCHI

Conchi conoce a Lola mientras esta investiga a los protagonistas de su libro. Conchi y Lola se hacen amigas. Conchi es una chica alegre y simpática que ayuda a Lola a escribir su libro.

EL SOLDADO

El soldado, un chico bueno y alegre, ayuda a Rafael en el bosque. Es una persona muy importante en esta historia pero su identidad es un misterio... ¿Quién es realmente este soldado? ¿Lo encontrará Lola?

RAFAEL SÁNCHEZ-MAZAS

Político y escritor de los años 30, es también un prisionero durante la Guerra Civil Española. Rafael se escapa y vive muchas aventuras en un bosque, cerca de la ciudad de Gerona.

GASTÓN

Este chico, inteligente y moreno, es alumno de Lola. Gastón escribe un trabajo para la universidad. Este trabajo le dará a Lola una pista muy importante.

LUGARES

Lola viaja a Dijon porque busca la última pista para completar el libro que escribe.
¿La encontrará allí?

GERONA

Esta ciudad está en la región de Cataluña, en el norte de España. El centro de la ciudad es muy bonito, con muchos edificios viejos. Lola, la protagonista de esta historia, vive allí. Gerona es una ciudad pequeña. Tiene menos de 100 000 personas.

Gerona

MADRID

Madrid es la capital de España. Está en el centro del país. Es una ciudad muy grande, tiene casi cuatro millones de personas.

Madrid

DIJON

Es una ciudad en el este de Francia. Es famosa por sus museos de arte, su gastronomía y sus jardines.

Dijon

soldados de salamina

INTRODUCCIÓN

España es un país europeo y moderno, con un gobierno democrático. Pero no siempre fue así.

Durante los años 30 y 40 Europa vivió muchos problemas políticos y guerras, y España también vivió momentos muy difíciles. En el año 1936 hubo una guerra civil. Se llamó la Guerra Civil Española. En esta guerra lucharon dos grupos. Por un lado, los militares. Por otro lado, los republicanos.

Los militares eran personas con ideas políticas de derecha. El jefe de estos militares era el General Francisco Franco*.

Los republicanos* eran personas con ideas políticas de izquierda. No tenían un solo jefe: había muchos grupos con un objetivo que los unía. Los republicanos querían una república para su país, España.

La guerra duró tres años.

La guerra fue un evento difícil y duro para los dos grupos. Pero sobre todo para los republicanos: los militares tenían más rifles, más dinero, más poder. Y sabían más cosas de logística militar.

En la guerra murieron más de 500 000 personas. En muchas familias había militares y republicanos: fueron unos tiempos muy complicados.

Al final de la guerra, muchos republicanos emigraron a Francia, Alemania, Chile, Argentina, México y Cuba, entre otros países. Allí tuvieron que hacer una vida nueva y, en muchos casos, aprender otra lengua. Estaban lejos de su casa, lejos de sus familias.

Las tropas del General Franco ganaron la guerra. Franco fue el jefe de España, él era un dictador y su gobierno, una dictadura.

La dictadura duró 36 años. Durante ese tiempo muchos libros estaban prohibidos, muchas conversaciones estaban prohibidas y muchas palabras estaban prohibidas. Por eso, mucha gente vivía escondida o hacías cosas secretas.

Cuando Franco murió, la dictadura terminó y comenzó una democracia.

Muchos republicanos volvieron a España, muchos otros, no: sus vidas, sus trabajos y sus familias estaban en otro país.

Esta es la historia de Lola, una chica joven que escribe un libro sobre dos héroes. Los dos héroes son de grupos opuestos.

---

* El General Franco fue un dictador que gobernó en España desde el año 1939 hasta el año 1975.

* Los republicanos eran las personas que querían una república. Eran enemigos del General Franco.

Capítulo 1
Una escritora sin inspiración

Es el año 1936. Es la guerra. Hay un campo abandonado. Es un campo triste, gris, verde oscuro, húmedo. Es invierno y llueve mucho. Entre los árboles hay unos cincuenta hombres en el suelo. Los hombres están vestidos con ropa húmeda, sucia y oscura. Los hombres están unos encima de otros. Tras el fusilamiento, todos los hombres están muertos... pero dos han escapado. ¿Quiénes son? ¿Dónde están?

Era el año 2003. En la habitación de Lola había discos, una cama sin hacer, muchos libros y una televisión encendida y sin voz. Lola era escritora y trabajaba en su ordenador. Era una chica joven y morena, de pelo corto y piel clara. Llevaba un pijama, unas zapatillas marrones y unas gafas redondas que usaba para leer. Lola había estado trabajando toda la mañana pero no había escrito nada todavía: Lola no tenía inspiración. No sabía qué escribir. Hacía ya mucho que había escrito su primer libro. Hacía ya mucho que no tenía inspiración. En la pantalla del ordenador había un documento donde ponía: AAAAAAAAAAAA. Esto era lo único que había podido escribir ese día. Lola apagó el ordenador. Sacó un cigarrillo de un paquete de tabaco y lo encendió.

Capítulo 2
¿Qué es un personaje?

Lola estaba en la clase de Literatura de la Universidad de Gerona, en Cataluña, al norte de España. Lola era la profesora. Era su primer año como profesora. Llevaba una falda, botas altas, y un jersey negro. Se paseaba frente a la pizarra negra. En la pizarra había algunas notas escritas con tiza blanca: el personaje, el carácter, el lugar... Los alumnos de Lola eran chicos y chicas de entre 18 y 23 años, aproximadamente. Todos escuchaban con atención y tomaban notas.

—¿Qué es un personaje?, ¿qué hace actuar a un personaje? —preguntó Lola—, ¿qué le mueve?, ¿qué le motiva? A veces tan solo él lo sabe. Los personajes de las novelas tienen algo en común con las personas normales: están vivos, pero no saben qué les hace vivir.

Un chico de piel morena y camiseta azul escuchaba con atención.

Al final de la clase, Lola salió con sus carpetas y sus

libros. Iba por los pasillos de la escuela donde había muchos alumnos entrando y saliendo de las clases. Al subir las escaleras, a Lola se le cayeron las carpetas y los libros. El chico de la camiseta azul, su alumno, la ayudó a recoger sus cosas.

—¿Eres nuevo? —dijo ella.

—Sí. ¿Tu también, no? —contestó él sonriendo. —Me han dicho que es tu primer año de profesora.

—¿Es obvio? —preguntó ella, también con una sonrisa.

—Sí pero... eres muy buena profesora —dijo él.

—¿De dónde es tu acento? —preguntó ella.

—Pues mexicano... pero mi abuelo era vasco —respondió él.

—¡Ah, qué bien! Gracias por tu ayuda —dijo ella.

—¡Hasta luego! —se despidió él.

Al cabo de un rato, Lola estaba en la oficina de su casa. Era una habitación bastante grande y cómoda, con las paredes blancas y con muchos estantes en las paredes.

En los estantes había muchísimos libros: novelas, diccionarios, enciclopedias... A Lola le gustaba leer. Además, a menudo necesitaba consultar libros para su trabajo de periodista. Sobre la mesa de Lola había una lámpara pequeña, una montaña de papeles y bolígrafos. Lola estaba sentada frente al ordenador, llevaba sus gafas redondas y comía un bocadillo de queso, su favorito. También hablaba con el editor del periódico El País, un periódico muy importante, a través del programa multimedia Skype.

—Acabo de enviarte la nota que me pediste sobre este libro —dijo ella con un libro en la mano—. Espero que te guste. Es un libro muy interesante. Me gusta mucho escribir sobre escritores nuevos, ya lo sabes.

—Sí, lo sé. Muy bien. Muchas gracias. Ahora quiero hablar contigo de otra cosa: en el periódico estamos preparando un documento especial sobre la Guerra Civil Española —dijo él—, ¿puedes escribir algo para el periódico?

—¿La Guerra Civil Española? ¿Otra vez? —dijo Lola con una sonrisa.

—¡A los jóvenes no os interesa el pasado! —sonrió él.

—¡Eso es lo que dice mi padre! —contestó ella, en broma.

—Vale, entonces, ¿espero tu artículo el jueves por la mañana? —preguntó él.

—¡Está bien! ¡Voy a ver si encuentro un tema original sobre la guerra! —dijo ella.

★ ★ ★

Al día siguiente Lola tomó el autobús para visitar la biblioteca de su ciudad. Al llegar, fue directamente a la sala principal. La sala estaba llena de estantes y ese día había muy poca gente. A Lola le interesaban muchos libros. Buscó un rato entre los estantes y al final encontró muchos títulos sobre la Guerra Civil Española. Luego buscó otros más.

Al caminar hacia la mesa principal, se le cayeron unos libros al suelo. Uno de ellos mostraba una página con un artículo y una fotografía en blanco y negro. Era la fotografía de un señor mayor, con sombrero y guantes. Lola miró la foto con interés y pensó: «¿Quién es ese señor?».

Capítulo 3
El artículo sobre la Guerra Civil

Un par de días más tarde, Lola caminaba por las calles de Gerona, la ciudad donde vivía. Gerona era una ciudad pequeña y preciosa, con un río muy bonito. Todos los edificios al lado del río eran de colores distintos: amarillo, naranja, rojo oscuro, marrón... Lola cruzó el puente sobre el río. Era invierno. El cielo era gris y Lola llevaba un abrigo de lana. Se detuvo. Se sacó un periódico de debajo del brazo y lo miró. En él había un artículo escrito por ella. Era el artículo de El País. En el artículo había la foto del señor mayor con sombrero y guantes que vio en un libro de la biblioteca. Lola guardó el periódico y siguió caminando.

Lola llegó a un edificio blanco y bastante moderno: era una residencia para gente mayor. En los pasillos había gente mayor, visitantes, médicos y enfermeras. Lola habló con Rosa, una enfermera rubia y simpática.

—Ayer tuvimos que atarlo, por seguridad. Estaba muy nervioso. Pero no es grave, no te preocupes —dijo Rosa.

Las dos mujeres entraron en una habitación con ventanas muy grandes y mucha luz. En la habitación había una mesa redonda, algunas fotografías en las paredes, una cama y un sillón. La decoración era muy simple. En el sillón estaba sentado un señor con cara agradable y muy mayor que llevaba dos tubos de plástico en la nariz: era el oxígeno. A la mesa estaba sentada una chica de pelo rojo y cara alegre. La chica tenía unas cartas del tarot. Le estaba leyendo el futuro a su cliente, el señor mayor.

—¡Qué buena carta! Es la carta de la salud. ¡Muy buena carta! ¡Qué suerte tiene usted! —dijo la chica en voz muy alta.

La chica se giró hacia Lola y dijo con una sonrisa:
—Hola. Ya casi terminamos.
El hombre miró a la chica y le dijo: —Es mi hija.
Luego el hombre le dio dinero a la chica del tarot y ella dijo: —¡No hace falta que me pague ahora! Pero la chica tomó el dinero y lo guardó en un bolsillo del pantalón.

La chica del tarot recogió sus cartas y las guardó. Luego recogió su bolso y su chaqueta, y empezó a caminar. Se cruzó con Lola.

—¡Hola! —dijo la chica del tarot con una sonrisa.

—No está bien sacarle dinero a la gente mayor, ¿no te parece? —dijo Lola, muy seria.

—No le saco dinero a la gente mayor. Los viejos me llaman porque son felices con mis cartas del tarot —respondió la chica.

—Bueno, ya te puedes ir —respondió Lola un poco enfadada.

Lola se sentó en la silla y miró al señor mayor.

—¿Cómo estás, papá? —preguntó Lola.

—¿Por qué no me lees algo, hija? —preguntó él.

Ella miró a su alrededor y no vio libros. Solo vio el periódico El País con su artículo publicado.

—Hoy he publicado un artículo en el periódico, ¿te lo leo? —preguntó ella.

—Sí, léemelo — respondió él.

Lola tomó el periódico y leyó su artículo:

«Es difícil imaginar el pasado. Es difícil pensar en los años antes de la Guerra Civil Española. Los escritores comían en cafés y hablaban durante horas sobre temas distintos: filosofía, literatura, arte, política... Pero todo eso cambió cuando empezó la guerra. Mucha gente intelectual se fue de España. El poeta español Antonio Machado, por ejemplo, cruzó la frontera con su familia hacia Francia. Nunca más volvió a España. Machado murió en Francia tres días después. Mientras tanto, en España, muchos intelectuales morían asesinados por las tropas del General Franco y muchos políticos morían asesinados por soldados republicanos. Estos soldados quisieron matar a Rafael Sánchez-Mazas, político franquista*, poeta y escritor. La vida de este escritor tiene mucho misterio. El día de su fusilamiento,

un grupo de hombres estaba de pie frente a un edificio en medio del campo, cerca de Gerona, en el norte del país. Los soldados dispararon los rifles y todos los hombres cayeron al suelo, muertos. Pero Rafael sobrevivió y se fue corriendo. Dos soldados corrieron tras él. Rafael corrió más lejos, hacia el bosque, y se escondió detrás de unos árboles. Uno de los soldados lo encontró allí. Los dos hombres se miraron. El soldado puso su rifle hacia el cuerpo de Rafael. Rafael tenía miedo en los ojos. Finalmente el soldado bajó el rifle y dijo a su compañero en voz alta: «¡Aquí no hay nadie! ¡Vámonos!». El soldado se dio la vuelta, y se fue.

¿Por qué el soldado salvó la vida de Rafael? Nunca lo sabremos».

Lola acabó de leer su artículo y miró a su padre. Puso su mano sobre la de su padre. Su padre no dijo nada.

Horas más tarde, Lola llegó a su edificio. Era un bonito bloque de apartamentos, alto y de piedra, en el centro viejo de la ciudad. En la entrada, sobre los buzones, había un sobre grande con su nombre: Lola Cercas. Lola agarró el sobre y lo abrió allí mismo. «¿De quién será el sobre?», pensó. El sobre era del periódico El País. Lo enviaba su editor. El sobre estaba lleno de cartas de lectores. Eran lectores que habían leído su artículo sobre Rafael Sánchez-Mazas y la Guerra Civil Española. Algunos de los lectores estaban enfadados. Pensaban que Lola no debería haber escrito cosas positivas sobre un político franquista. Lola leyó todas las cartas. Decían cosas como: «¿Por qué escriben cosas sobre la Guerra Civil Española?», «Rafael Sánchez-Mazas fue un político franquista, no fue un héroe», «El soldado republicano debió matar a Sánchez-Mazas», «¡No queremos leer artículos sobre la Guerra Civil Española!». Pero entre las cartas de los lectores Lola leyó una carta distinta. Decía:

---

* Los franquistas eran personas que estaban de acuerdo con el General Franco.

«Rafael Sánchez-Mazas no fue el único sobreviviente de aquel fusilamiento. Dos hombres escaparon aquel día. Yo tengo un libro escrito por el otro prisionero que escapó del fusilamiento. Por favor, llámeme por teléfono, me llamo Miguel Aguirre».

Capítulo 4
Primeras pistas

Lola entró en un café. Era un lugar típico del centro de Gerona. Se trataba de un lugar viejo, tranquilo y con poca luz. En el café había algunas personas comiendo. Todas las mesas estaban llenas de gente. Lola buscaba a Miguel Aguirre, la persona que le había enviado la carta sobre el otro sobreviviente del fusilamiento del artículo de Lola. Pero Lola no sabía a quién buscaba. «¿Será un hombre mayor?, ¿será un hombre joven?», pensó. Al cabo de unos minutos, un hombre moreno, alto y bastante joven le dijo hola con la mano desde una de las mesas. Lola caminó entre las mesas hacia él. Se dieron la mano.

—Hola, me llamo Miguel Aguirre —dijo él.

—Sí, sí, es lo que pensaba. No sabía cómo íbamos a saber quiénes éramos —dijo ella con una sonrisa—. Pensé que tal vez fueras un señor mayor.

—Pues no. Soy joven. Pero yo solo soy un historiador y tú eres una escritora famosa. Escribiste un libro y yo lo leí —dijo él—. Me gusta cómo escribes. Tu artículo sobre la Guerra Civil Española y Rafael Sánchez-Mazas es muy interesante. Este libro también es interesante.

Miguel puso un libro sobre la mesa.

—¿Has escrito más libros? —preguntó él.

—No. Ya no escribo libros —dijo ella—. ¡No tengo inspiración!

Miguel tocó el libro que había sobre la mesa. El libro se llamaba *Yo fui asesinado por los rojos**.

---

* Los rojos: mucha gente llamaba así a los republicanos, sobre todo durante la Guerra Civil Española.

—Quizás tu inspiración vuelva cuando leas este libro —dijo él.

—*Yo fui asesinado por los rojos* —leyó Lola en voz alta, algo sorprendida.

—Es un libro un poco franquista. No te asustes —se rio él—, pero es un libro muy bueno. Y habla del fusilamiento de Rafael Sánchez-Mazas. El escritor de este libro fue la otra persona que escapó con vida.

La camarera se acercó a la mesa. Miguel pidió una ensalada, un plato de arroz con pollo y una bebida.

—¿Qué quieres comer? —le preguntó Miguel a Lola.

—Yo solo quiero una ensalada y un agua mineral —le dijo Lola a la camarera.

Los dos siguieron hablando de más cosas y la camarera caminó hacia la cocina.

—¿Crees que los soldados republicanos que querían matar a Rafael Sánchez-Mazas sabían quién era? ¿Crees que sabían que era un político franquista importante? —preguntó ella.

—¡Sí! La guerra estaba casi al final. Las tropas de Franco iban a ganar la guerra. Los republicanos comenzaban a viajar hacia el norte, para estar cerca de la frontera con Francia. Si perdían la guerra, cambiar de país era la única opción. Pero los republicanos seguían con la lucha.

Lola le miraba con mucho interés.

—¿Conoces el bosque adonde Rafael escapó? —preguntó Miguel.

—Pues no... —dijo Lola—, pero creo que está cerca de aquí.

—Exactamente —dijo él—. Ese bosque, al norte del país, estaba lleno de gente: gente que escapó de la prisión, gente con miedo, desertores... En el bosque siempre había gente que podía ayudar. Cuando Rafael

Sánchez-Mazas escapó, Rafael encontró a esta gente. Encontró a 'Los amigos del bosque'.

—¿'Los amigos del bosque'? —preguntó ella con curiosidad.

—'Los amigos del bosque' eran republicanos que vivían en el bosque, escondidos —contó Miguel—. Ellos ayudaban a los desertores y a la gente que escapaba de las tropas de Franco. Yo conozco al hijo de uno de 'Los amigos del bosque'. Si quieres, te lo presento.

—¿De verdad? —preguntó Lola— ¿Me lo puedes presentar?

—Sí, claro. Se llama Jaume Figueras, ¿quieres su número de teléfono? —preguntó Miguel.

—Sí, muchísimas gracias —contestó Lola.

Miguel tomó un bolígrafo del bolsillo de su chaqueta y anotó el teléfono de Jaume en la mano de Lola.

—Este es el teléfono de Jaume Figueras —dijo Miguel.

—Gracias de nuevo — dijo Lola—. ¡Y gracias por el libro y por toda la información!

Lola comenzó a caminar hacia el otro lado de la calle.

—¿Qué vas a hacer con toda esta información? —

preguntó Miguel—. ¿Vas a escribir un libro sobre la Guerra Civil y Rafael Sánchez-Mazas?

Lola se paró y se giró hacia Miguel.

—Yo ya no escribo libros. Ya te lo he dicho: ¡he perdido la inspiración! — dijo Lola, algo enfadada.

Lola se giró de nuevo y cruzó la calle hacia su casa.

Un par de horas más tarde, Lola estaba en su casa. Estaba sentada en el suelo del comedor de su apartamento. Llevaba ropa cómoda y unas zapatillas rojas. Estaba leyendo el libro *Yo fui asesinado por los rojos,* el libro que le había dado Miguel Aguirre. Mientras leía, Lola comía un dulce y bebía un café con leche. A través de las ventanas, había una fuerte lluvia y mucho viento.

Capítulo 5
El padre de Lola

Lola estaba en la oficina de su casa, con muchos libros alrededor y el ordenador encendido. Se había quedado dormida sobre la mesa con las gafas en la mano. Sonó el teléfono. Era un sonido fuerte y rápido. Lola se despertó y caminó hacia la mesita donde estaba el teléfono. Lola lo agarró con fuerza.

—¿Sí? ¿Quién es? —contestó Lola.

—¿Hablo con Lola Cercas? —preguntó la voz al otro lado del teléfono.

—Sí, soy yo —respondió Lola.

—Hola, llamo desde la residencia para gente mayor. Tengo noticias muy tristes: su padre murió ayer por la noche. Lo siento mucho, ¿quiere venir a recoger sus cosas? —dijo la voz.

—Sí, gracias. Enseguida voy —contestó Lola.

Lola colgó el teléfono. Estaba triste. Pero no lloró.

Un par de horas más tarde, Lola entró en la habitación de su padre, en la residencia para gente mayor. Lola miró las posesiones de su padre. Su padre no tenía muchas cosas pero Lola las miró todas tranquilamente y en silencio: había medicinas, cartas, un reloj, una cartera, documentos...

Entre las cosas de su padre, Lola encontró un artículo sobre ella y su primer libro. 'Lola, una joven escritora con talento', decía el título del artículo.

Lola lloró un poco. Ella no sabía que su padre estaba interesado en su trabajo de escritora. Lola también encontró una fotografía vieja, en blanco y negro, de la época de la Guerra Civil Española. En la fotografía había tres hombres jóvenes con unos rifles. Los hombres sonreían a la cámara y mostraban sus rifles. Lola pensó que su padre había luchado en la Guerra Civil y ahora ella buscaba información sobre este capítulo de la historia de su país. Ahora ya no podía hablar con su padre sobre sus experiencias en la guerra. Lola se puso triste.

Lola puso todas las cosas de su padre en una bolsa y luego se fue de la residencia para gente mayor.

Al cabo de un rato, Lola decidió llamar a Jaume Figueras, el contacto de Miguel. Cuando llegó a casa, la escritora tomó el teléfono de la mesita y marcó un número.

—¿Hola? Hola, buenos días. Esto es un mensaje para Jaume Figueras. Me llamo Lola Cercas y soy escritora y periodista. Soy amiga de Miguel Aguirre. Él me dio su número de teléfono, creo que ustedes son buenos amigos. Quería hablar de su padre y de 'Los amigos del bosque' y, sobre todo, de Rafael Sánchez-Mazas. Llámeme, por favor —dijo Lola.

Capítulo 6
Lola viaja a Madrid

Lola entró en una vieja y bonita librería de Gerona. Era un lugar muy popular, con muchos libros sobre todo tipo de temas. Allí iba mucha gente a comprar porque era la librería más grande de la ciudad. Lola sabía que Rafael Sánchez-Mazas, el franquista que se había escapado del fusilamiento, además de político, también había sido escritor. Decidió buscar libros escritos por él. Lola quería leer todo lo que este hombre había escrito. Para ella, la vida de Rafael era un misterio. La escritora buscó en los estantes de la sección de política.

De repente, se abrió la puerta de la librería y entró una chica alegre de pelo rojo. Lola la miró. «¡Es la chica que lee el tarot en la residencia para gente mayor!», pensó.

Lola se escondió detrás de unos libros. No quería hablar con ella. No le gustaba esta chica. Lola pensaba que tomar dinero de la gente mayor con historias inventadas con las cartas de tarot no era justo.

—¡Hola! —le dijo la chica al vendedor—. ¿Tenéis libros sobre el tarot? —preguntó.

El vendedor, un señor de unos cuarenta años, bajito y de pelo negro, dijo: —Sí, claro. Los libros sobre tarot están ahí. Y señaló hacia una sección de la librería.

—¡Gracias! — dijo la chica.

La chica caminó hacia esa sección y enseguida encontró un libro grande y pesado. Lo tomó y lo llevó a la salida de la tienda.

—¿Cuánto vale? —preguntó la chica.

—30 euros —contestó el vendedor.

—Aquí tiene —dijo la chica al sacar dinero de su monedero.
—¿Quieres una bolsa? —preguntó el vendedor.
—No, gracias —respondió la chica—. ¡Adiós!
La chica salió de la librería y Lola salió de su escondite, la sección de libros de política.
Al cabo de un rato, Lola observó que en su ciudad no había muchos libros escritos por Rafael Sánchez-Mazas. Decidió viajar a Madrid. En la capital del país quizás encontrase más libros.

Madrid era una ciudad grande, con mucha luz. Había mucho tráfico en las avenidas y también mucha gente. Lola fue a la Biblioteca Nacional. Era un edificio enorme, de piedra y con un tejado redondo muy grande. Esta biblioteca era la más grande del país. Aquí estaban todos los libros publicados en España y muchos publicados en otros países. Así que Lola esperaba encontrar los libros que buscaba. La escritora subió por las escaleras de piedra hacia la entrada principal del edificio y entró en la sala central de la biblioteca.

En la Biblioteca Nacional sí había libros escritos por Rafael Sánchez-Mazas: había novelas, historias cortas y muchos artículos de periódico. Lola también encontró vídeos. Eran vídeos históricos de los años 30, 40 y 50. Los artículos y los vídeos hablaban de cómo Rafael había escapado de la muerte. Hablaban del fusilamiento. Hablaban de los republicanos y de los franquistas. Lola miró y leyó todo el material con mucho interés.

Horas más tarde, contenta por tener toda esa información, Lola tomó el tren para volver a casa. Llevaba una bolsa roja, grande y pesada. La bolsa estaba llena de libros.

—¿Te ayudo? —preguntó una voz familiar.

Lola se giró. «¡Es la chica del tarot!» —pensó.

—¿Todavía estás enfadada porque le leí las cartas del tarot a tu padre? ¿Porque leo las cartas del tarot a los viejos de la residencia? —preguntó la chica.

—¿Qué haces aquí, en Madrid? —preguntó Lola.

—No te preocupes —dijo la chica—. No te sigo. He venido a Madrid para abandonar a mi ex.

Lola intentó poner la bolsa en el estante, sin suerte. La bolsa pesaba demasiado. La chica le ayudó con la bolsa y luego le dio la mano.

—Me llamo Conchi. Las dos vivimos en la misma ciudad así que podemos ser amigas —dijo Conchi—. Además, ya sé que te gusta el tarot. Te puedo leer las cartas —dijo Conchi con una gran sonrisa.

Lola sonrió y dijo: —No, gracias. No creo en las cartas del tarot. Pero sí podemos ser amigas.

Las dos chicas sonrieron y se sentaron juntas.

—Me llamo Lola —dijo Lola.

—Sí, ya lo sé —dijo Conchi—, tu padre siempre hablaba de ti.

—¿De verdad? —dijo Lola.

—Estaba orgulloso de ti. Pensaba que debías escribir más libros —dijo Conchi.

Lola miró a Conchi. La chica del tarot era más amable y sensible de lo que esperaba. «Quizás haya sido demasiado dura con ella. Parece una buena persona», pensó.

Horas más tarde, en su casa, Lola miró los libros que había comprado en Madrid. Era una bolsa llena de libros, todos escritos por Rafael Sánchez-Mazas o sobre él. Sonó el teléfono. Lola caminó hacia la mesita donde estaba el teléfono y respondió.

—¿Sí? Sí, sí, soy yo —dijo Lola, feliz —Sí, el Café de la Noria es perfecto. ¿A qué hora? Sí, estupendo. Allí estaré.

Lola estaba feliz. Por fin iba a encontrarse con Jaume Figueras, el contacto de Miguel Aguirre. Así podría conseguir más información sobre Rafael Sánchez-Mazas.

Capítulo 7
El diario de Rafael

Al día siguiente, por la mañana, Lola fue al Café de la Noria. El café era un lugar pequeño y tranquilo. Lola pidió una bebida. Al cabo de un rato, un señor bajito y simpático, de cara redonda y ojos azules entró en el Café de la Noria. Era Jaume Figueras. Jaume miró hacia la mesa donde estaba Lola.

—¿Eres Lola? —preguntó tímidamente.

—Sí. ¿Eres Jaume? —dijo Lola.

—Sí. Encantado de conocerte —dijo Jaume mientras saludaba a Lola con la mano.

Jaume se sentó a la mesa de Lola y pidió un café al camarero.

—¿Su padre le habló de Rafael Sánchez-Mazas? —preguntó Lola.

—Pues sí. Mi padre era republicano y desertó. Se fue al bosque para escapar de otros republicanos y, claro, también de las tropas de Franco. Era el final de la guerra y Franco ganaba. Mi padre quería estar en una zona lejos de la ciudad. En el bosque conoció a Rafael Sánchez-Mazas —explicó Jaume.

—¿No sabe nada más? —preguntó Lola.

—Pues no —respondió Jaume—, quizás es bueno que hables con mi tío Joaquim.

—¿Su tío Joaquim? —dijo Lola.

—Sí. Mi tío también vivía en el bosque. Es el hermano mayor de mi padre. Quizás él se acuerde de más cosas. Él era uno de 'Los amigos del bosque'. Si quieres mañana te llevo en mi coche. Así podrás hablar con él directamente.

—De acuerdo. Muchas gracias —dijo Lola.

—Tengo algo... que puede ser interesante para ti —dijo Jaume mientras sacaba algo de su bolsillo—. Es un librito de Rafael Sánchez-Mazas. Un librito de la Guerra Civil. El librito lo guardó mi padre cuando él y Rafael se dijeron adiós. Luego me lo dio a mí. Es el diario de Rafael. Lo escribió durante su tiempo en el bosque.

Jaume le dio la libreta a Lola.

—Muchas gracias —le dijo Lola a Jaume.

Horas más tarde, en su casa, Lola comenzó a leer el diario de Rafael Sánchez-Mazas:

«*Soy Rafael Sánchez-Mazas, fundador de la Falange Española*, trabajo en el gobierno... en enero de 1939 me fusilaron con un grupo de prisioneros pero escapé del fusilamiento... me fui al bosque... caminé durante nueve días por el bosque... me caí al río y perdí las gafas... no veía muy bien... al cabo de unos días me encontré con tres soldados republicanos: yo técnicamente era el enemigo... pero no me mataron... me ayudaron...*».

* La Falange Española era un partido político español de extrema derecha e ideología fascista.

Al día siguiente, Lola y Jaume se encontraron de nuevo. Iban en el coche de Jaume a la casa de Joaquim Figueras, el tío de Jaume. El hombre creía que quizás su tío supiera más cosas sobre Rafael.

—Tío Joaquim, ella es Lola —dijo Jaume—. Lola es una escritora. Escribe sobre la Guerra Civil Española y sobre Rafael Sánchez-Mazas.

—Hola —dijo Joaquim —encantado de conocerla.

Joaquim le dio la mano a Lola.

—Joaquim, ¿usted se acuerda de Rafael? —preguntó Lola.

—¡Claro que me acuerdo! —dijo Joaquim—. Cuando acabó la guerra, los franquistas eran los que tenían poder. Los desertores y los republicanos iban a la prisión. Pero Rafael Sánchez-Mazas era un hombre importante: él fundó la Falange Española. Mi padre fue a prisión porque era un desertor y un republicano, uno de 'Los amigos del bosque'. Pero cuando Rafael supo que mi padre estaba en la prisión, lo sacó de allí, lo liberó. Rafael Sánchez-Mazas nunca olvidó a las personas que lo ayudaron en el bosque.

Lola escuchaba con atención y tomaba notas.

—Muchas gracias por su ayuda —le dijo Lola a Joaquim.

—De nada. Me gusta hablar de estas cosas... —dijo Joaquim—. Tengo una pregunta: ¿usted sabe si Rafael escribió algún libro sobre 'Los amigos del bosque'? —dijo.

—Pues no lo sé... —contestó Lola. Pero si veo ese libro, le llamaré por teléfono.

De repente, al oír la respuesta de Lola, Joaquim se puso triste.

—Creo que se olvidaron de nosotros. Se olvidaron de 'Los amigos del bosque' —dijo Joaquim con melancolía—. Pero gracias de todas formas.

Capítulo 8
«¿Quién fue ese soldado?»

Lola estaba en la oficina de su casa. Había tomado una decisión. Una decisión muy importante en su vida: ¡iba a escribir otro libro! ¡Por fin tenía inspiración! La historia de Rafael Sánchez-Mazas, la historia del soldado republicano que lo encontró en el bosque y no lo mató, la historia de 'Los amigos del bosque'... Lola quería escribir sobre todas esas personas que vivieron aventuras increíbles. Quería contar aquel periodo de la historia de España.

Pero la escritora todavía debía descubrir muchos secretos. Rafael Sánchez-Mazas, era una incógnita, un misterio. Y también era un misterio el soldado republicano. ¿Quién era este soldado? ¿Por qué no mató a Rafael? ¿Todavía vivía? Lola tenía muchas preguntas.

¡Por fin tenía algo que escribir!

Lola encendió el ordenador y empezó su historia:

Rafael Sánchez-Mazas era un escritor y político de derechas, un político franquista. Antes de la Guerra Civil Española, Rafael vivió unos años en Italia y cuando volvió a España, fundó la Falange Española, una organización política de derechas. Así, Rafael se convirtió en un hombre muy importante antes y durante la Guerra Civil Española.

En el año 1936, los republicanos ganaron las elecciones generales y los jefes de las asociaciones de derechas fueron a la prisión. Rafael Sánchez-Mazas fue uno de esos presos. Pronto habría un golpe militar de derechas. Un golpe militar dirigido por el General Franco.

Al cabo de un tiempo, Rafael se escapó de la prisión. Vivió en Madrid, la capital de España, durante un año, siempre en secreto, siempre escondido.

Rafael se escondió en la Embajada de Chile, pero dos años más tarde le llevaron a la prisión de Barcelona.

Después de la prisión, llevaron a Rafael a Gerona, en el norte de España. Allí viajó en un autobús de guerra, junto

a otros prisioneros. Hacía mucho frío y su ropa estaba sucia. Además, los prisioneros no tenían mucha comida. De camino hacia el norte del país, otros cientos de personas caminaban hacia Francia: querían irse de España. A menudo sufrieron ataques desde aviones militares. Pero aún así, muchos sobrevivieron.

Rafael no sabía adónde iba. No sabía si lo llevaban a Francia, al exilio, o a alguna prisión del norte.

La realidad era mucho peor: al cabo de unos días, los prisioneros llegaron a un lugar horrible. Era un lugar lleno de presos. Allí, en un edificio frío, triste y húmedo, se oían disparos. Los prisioneros tenían miedo. Rafael Sánchez-Mazas pensó que todos los prisioneros (y él era ahora un prisionero) iban a morir fusilados.

Uno de los soldados habló con los prisioneros:

—¡Vamos! ¡Vamos todos! —dijo el soldado.

—¿Adónde vamos? —preguntó un prisionero.

—¡Vamos a trabajar! ¡Vamos a construir un campo de trabajo! —gritó el soldado.

Los prisioneros comenzaron a caminar.

Al cabo de un rato, el soldado gritó: ¡Paren! ¡Paren! ¡Paren todos! ¡Ahora giren hacia la izquierda!

Los presos se pararon y giraron hacia la izquierda.

Luego, otro soldado gritó: ¡Fuego!

Otros soldados empezaron a disparar sus rifles. Todos los presos cayeron al suelo, muertos. Excepto Rafael Sánchez-Mazas y otro hombre. Rafael comenzó a correr y se escapó hacia el bosque. El otro hombre también se escapó.

Un soldado corrió tras Rafael. Rafael corrió hacia los árboles, el suelo estaba húmedo por la lluvia y era difícil correr. El corazón de Rafael iba muy rápido. Tenía mucho sudor en el cuerpo. Finalmente, se cayó al suelo. Oyó unos pasos tras él y se escondió detrás de unos árboles.

Unos minutos más tarde, un soldado republicano vio a Rafael, escondido.

El soldado giró su rifle hacia el cuerpo de Rafael.

Rafael lo miró a los ojos. Tenía miedo. Mucho miedo.

De repente, alguien gritó: —¿Hay alguien por ahí?

Era la voz de otro soldado que buscaba a Rafael.

El soldado del rifle no se movió. Pensó durante un minuto. Miró a Rafael a los ojos. Y Rafael miró al soldado, también a los ojos.

Poco después el soldado gritó: —¡No! ¡Aquí no hay nadie! ¡Vámonos!

Luego, se giró. Y se fue.

—¡Vámonos! ¡Vámonos! —dijo.

Rafael siguió unas horas escondido. Luego, comenzó a caminar por el bosque, pronto sería de noche, estaba lloviendo, hacía frío. Su ropa estaba mojada, sus gafas también estaban mojadas, tenía mucho frío y hambre. Y, sobre todo, mucho miedo.

Capítulo 9
'Los amigos del bosque'

Ahora que Lola estaba escribiendo un libro sobre Rafael Sánchez-Mazas, quería saber más. Quería saber más cosas sobre él. La vida del héroe de su libro era todavía un misterio. Se preguntaba: «¿Qué fin tendría esa historia?» «¿Quién era el soldado republicano que había salvado la vida a Rafael?» Y, «¿por qué lo habría hecho?».

Lola miró algunos mapas de la zona, quería imaginar el lugar adonde Rafael había escapado. «Debió de ser horrible no conocer la zona», pensó. De repente se acordó de las historias que le habían contado 'Los amigos del bosque' y siguió escribiendo su libro:

Durante nueve días y noches Rafael caminó por el bosque. Quería cruzar las líneas republicanas pero no sabía bien dónde estaba. Muchas veces pensó que no sobreviviría. Era difícil saber por dónde ir en una zona que no era familiar y aún más, de noche.

Mientras tanto la guerra continuaba. Los militares de Franco y los soldados republicanos luchaban en ciudades y pueblos de España. El país estaba dividido en dos grupos pero los militares franquistas eran ahora la mayoría.

Rafael seguía en el bosque. Al cruzar el río, perdió las gafas. Así no podía ver casi nada.

Al día siguiente Rafael oyó un ruido entre los árboles.

—¿Quién está ahí? —preguntó una voz de hombre.

Rafael no sabía que hacer. Pensó unos minutos. Luego decidió salir de su escondite con las manos arriba. Tres hombres con rifles se acercaron a él: eran tres hombres republicanos, los enemigos de Rafael.

—Por favor, no me matéis. Soy una persona importante.

Mi gente va a ganar la guerra. Si me ayudáis, cuando acabe la guerra os ayudaré yo a vosotros.

—¿Quién eres? —preguntó uno de los hombres republicanos.

—*Por favor… necesito ayuda. Mi nombre es Rafael Sánchez-Mazas, fundador de la Falange Española. Las tropas de Franco están atacando esta zona, cuando me encuentren, os ayudaré.*

Los tres hombres se miraron. Pensaron que si cuidaban de Rafael, estarían a salvo: ningún militar de Franco los atacaría.

—Está bien —dijo uno de los tres hombres—. Nosotros cuidaremos de ti. A cambio, cuando los militares lleguen a esta zona, nos ayudarás.

—Muy bien. Estoy de acuerdo —dijo Rafael.

Los cuatro hombres caminaron hacia un lugar seguro. Por la noche, Rafael les contó cómo había escapado del fusilamiento y sobre el soldado que le había salvado la vida.

—El rifle estaba prácticamente en mi cara —dijo Rafael—. Lo miré a los ojos. Él me miró a los ojos. Entonces supe quién era.

—¿Sabías quién era? —preguntó el otro hombre—¿Lo conocías?

—Sí. Lo había visto en el campo militar, antes del fusilamiento —respondió Rafael—. Era un soldado muy joven, casi un niño. Un día, en el campo, llovía mucho y hacía mucho frío. Todos teníamos frío, hambre y miedo. No sabíamos qué iba a pasar. El soldado salió de una casita pequeña y empezó a cantar y a bailar. Fue divertido. Todos reímos.

—¿Cómo se llamaba el soldado? —preguntó otro de los hombres.

—No lo sé —respondió Rafael—. ¿Por qué no me mató? Me acordaré siempre de este soldado: tenía ojos alegres.

★★★

Las tropas de Franco caminaban rápido y, en pocos días, llegaron al norte de España, cerca del bosque donde estaban los hombres.

Poco tiempo después, los militares pasaron por el bosque. Los cuatro hombres vieron las tropas desde su escondite, al lado de unos árboles.

—Ahora tú debes ayudarnos —dijo uno de los hombres.

—Sí. No os preocupéis —dijo Rafael—. No me olvidaré de

vosotros nunca. Muchas gracias por vuestra ayuda.

Rafael caminó hacia las tropas militares. Cuando uno de los militares vió a Rafael, le abrió la puerta de uno de los coches y le dijo:

—Señor Sánchez-Mazas, ¡adelante!

Capítulo 10
¿Un nuevo héroe?

Lola estaba en la oficina de su casa. Estaba sentada frente al ordenador, estaba haciendo copias de todo lo que había escrito hasta entonces: era la primera parte de su libro. Su nueva amiga Conchi también estaba ahí, sentada en el sofá.

—Toma. Léelo. Dime qué piensas —le dijo Lola a Conchi, dándole las páginas del manuscrito.

Conchi tomó el manuscrito, se sacó los zapatos y se sentó cómodamente en el sofá de Lola. Empezó a leer el manuscrito.

Mientras tanto, Lola siguió trabajando en el libro. Pero estaba nerviosa. Era la primera vez que alguien leía las notas de su segundo libro. «¿Qué iba a pensar Conchi de esta historia? ¿Le gustaría?» —pensó Lola.

Tras un par de horas, Conchi acabó de leer el manuscrito.

—¿Qué te parece? —preguntó Lola, nerviosa.

—Está muy bien. Me gusta mucho. Tienes talento —dijo Conchi—. Escribe más, Lola. Investiga más.

—Gracias, Conchi —dijo Lola.

★★★

Al día siguiente Lola estaba en la universidad. Estaba dando su clase de Literatura. Llevaba una falda y botas altas, y un jersey grande y oscuro. Lola se giró hacia la pizarra y escribió: 'Un héroe'. Luego, se giró hacia sus alumnos.

—¿Qué es un héroe? ¿Alguien que no hace errores? ¿O alguien que es valiente? ¿Alguien que siempre sabe qué hacer? ¿Es un héroe un súper hombre? ¿O alguien totalmente normal? ¿O simplemente el protagonista de un libro? Quiero que escribáis sobre eso: ¿qué es un héroe para vosotros?— dijo.

★★★

Días después, Lola leyó los trabajos de sus alumnos. Uno de sus alumnos, Gastón, el chico mexicano que había ayudado a Lola a recoger sus libros del suelo, había escrito un texto interesante:

«El héroe, por Gastón García Diego

No sé qué es un héroe pero sé que una vez conocí a uno. No fue hace mucho, solo un par de años. Fue en mi primer trabajo: ayudante en un camping de verano en la playa en Castelldefels, cerca de Barcelona. Necesitaba dinero y era el trabajo perfecto durante el verano. Ahí fue dónde conocí a Miralles, en el camping Estrella de Mar. Creo que todavía existe.

Miralles iba al camping todos los veranos. Conducía un autobús pequeño. El día que llegaba se ponía un pantalón corto y unas zapatillas de verano y ya nunca se cambiaba de ropa hasta el final del verano. Era un hombre muy interesante.

Miralles tenía muchas cicatrices, sobre todo en la cara. Un día me contó la historia de todas sus cicatrices. Su primera cicatriz fue en la mano, por un accidente. Cuando era joven, aprendió a trabajar con oro y piedras preciosas en una de las máquinas de su padre, que hacía el mismo trabajo. Una de estas máquinas le había agarrado la mano. Primera cicatriz.

Miralles me habló de su padre. Su padre quiso ser republicano, pero no lo aceptaron. Dijeron que era demasiado viejo. Imagínate, ¡demasiado mayor para ser un soldado republicano! Así que su hijo, que no sabía nada de política, decidió ser republicano en lugar de su padre.

Miralles trabajó con el jefe republicano Enrique Líster, un político y militar muy famoso en aquel tiempo.

Miralles siguió a Líster en todas sus luchas: la lucha de Belchite, la lucha de Teruel, la lucha de Tarragona, todas en España. En todos esos lugares Miralles obtuvo más cicatrices: en el cuello, en los brazos, en las piernas...

Cuando la zona de las tropas de Franco era más grande, los republicanos viajaban hacia Gerona, en el norte de España, cerca de Francia. Hacia el final de la guerra, Miralles estuvo en varios fusilamientos de los enemigos franquistas. Pero en el mes de febrero del año 1939, muchos de estos republicanos tuvieron que cruzar la frontera y viajar a Francia. Con ellos, otros cientos de miles de españoles.

En Francia, Miralles vivió en un campo de concentración para españoles. Al cabo de un tiempo, se convirtió en soldado para la Legión Francesa. Viajó mucho y participó en muchas luchas y guerras. Por eso, años después, el gobierno francés le dio la nacionalidad francesa. Miralles se quedó en Francia para siempre».

★★★

Lola acabó de leer el trabajo de su alumno y pensó que tal vez Miralles había conocido a Rafael Sánchez-Mazas, el héroe de su libro, pensó que tal vez Miralles había estado en el fusilamiento el día que Rafael se escapó hacia el bosque...

Un rato después, Lola caminaba por los pasillos de la universidad. Quería hablar con Gastón, el alumno autor del trabajo sobre Miralles. Después de leer el trabajo escrito por su alumno, Lola estaba obsesionada con Miralles. «Él tiene que saber algo», pensaba.

Lola buscaba y buscaba, pero no veía a Gastón. Al

cabo de un rato, entró en una clase y allí vio a un grupo de chicos y chicas. La mayoría de ellos eran alumnos suyos. Allí sí vio a Gastón.

—Hola —dijo Gastón—. ¿Quieres hablar conmigo? —preguntó.

—Sí. Quiero hablar contigo —dijo Lola—. ¿Tienes un momento? He leído tu trabajo sobre el tema del héroe en la literatura. ¿Quién es Miralles? ¿Dónde puedo encontrarlo? Estoy escribiendo un libro sobre Rafael Sánchez-Mazas, un político franquista de la Guerra Civil Española. Rafael se escapó de un fusilamiento. Creo que Miralles lo conoció. Creo que él me puede dar la información que necesito para terminar mi libro.

—Lo siento, Lola. Pero no sé dónde está Miralles —dijo Gastón—. Ni siquiera sé si todavía vive. Quizás esté muerto. Pero si vive, está en Francia; estoy seguro. Miralles obtuvo la nacionalidad francesa y se quedó allí para siempre, eso sí lo sé.

—¿En Francia? —preguntó Lola.

—En algún lugar del sur de Francia —respondió Gastón—. No sé dónde exactamente. Lo siento, Lola.

—Gracias, Gastón —dijo Lola.

—De nada. ¡Buena suerte! ¡Espero que encuentres a Miralles.... y también espero que escribas un buen libro! —gritó Gastón mientras Lola se iba.

Lola decidió seguir la pista de Miralles. Ahora estaba obsesionada con el tema de la Guerra Civil y los fusilamientos, pero debía encontrar más información. Si no encontraba más información, no podría acabar de escribir su libro. Debía conocer a más personas que habían vivido durante esos tiempos. Necesitaba más pistas. ¡Debía encontrar a Miralles!

Capítulo 11
Una visita sorpresa

Lola llamó al servicio de información de la compañía de teléfonos. También buscó información sobre gente con el apellido Miralles en Internet. Preguntó a la gente con la que habló. Quería encontrar a Miralles. Estaba verdaderamente obsesionada con Miralles. Necesitaba hablar con él. Pensaba que Miralles había conocido al héroe de su libro. Quizás Miralles fuera un nuevo héroe para ella.

—¿Servicio de información? Hola. Me llamo Lola Cercas y soy escritora. Busco a una persona que vive en Francia y que se llama Miralles —dijo Lola.

—¿No sabe su nombre propio? Miralles es solo un apellido —dijo una voz femenina al otro lado del teléfono.

—Pues no, lo siento. Solo sé el apellido —dijo Lola—, ¿hay muchas personas en Francia con ese apellido? —preguntó Lola.

—Pues sí... hay unas ochenta personas —respondió la voz.

—Está bien —respondió Lola—, no importa. Si me da los números de teléfono de todas esas personas, contactaré con todas ellas.

Días después, Lola recibió una lista con los números de teléfono de las ochenta personas que vivían en Francia y tenían el nombre de Miralles. Ahora necesitaba llamar a todos esos números. Empezó a llamar por orden alfabético: A. B. Miralles. Lola llamó a un número y explicó quién era y a quién estaba buscando. Pero todas las personas al otro lado del teléfono le decían:

«Lo siento, no sé quién es ese señor». Pero Lola era una escritora con paciencia y siguió llamando. «Uno de esos números debe ser el de Miralles, el amigo de Gastón».

«Seguiré llamando, seguiré llamando. Al final, lo encontraré» —pensaba Lola.

Tras días de nervios y llamadas telefónicas, Lola marcó uno de los números y al otro lado del teléfono contestó un señor mayor.

—Sí, soy Miralles —dijo la voz—. ¿Quién es? —preguntó la misma voz.

—Hola... usted no me conoce —dijo Lola—. Mi nombre es Lola Cercas. Soy periodista y escritora. También soy profesora de Literatura en la Universidad de Gerona. Gastón, uno de mis alumnos, trabajó en el camping Estrella de Mar, cerca de Barcelona. Él me habló de usted. Estoy escribiendo un libro sobre la Guerra Civil Española, bueno, en realidad el libro es sobre Rafael Sánchez-Mazas. Creo que usted lo conoció, ¿no es verdad? —preguntó Lola.

Hubo un breve silencio al otro lado de la línea telefónica.

—La guerra fue hace mucho tiempo, señorita —dijo Miralles al cabo de unos minutos—. Demasiado tiempo. No quiero hablar con nadie de todo eso. Ahora vivo aquí en Dijon, en la residencia para gente mayor. Vivo tranquilo y no quiero recordar el pasado. ¡Quiero que me dejen tranquilo! ¡No quiero hablar con escritores, ni periodistas, ni nadie!

Miralles colgó el teléfono. Lola no sabía qué hacer. Pero ahora que sabía dónde estaba Miralles, quería hablar con él. ¡Debía hablar con él! Quizás Miralles fuera la única persona con información sobre Rafael Sánchez-Mazas. Ahora que estaba más cerca de conocer el misterio del protagonista de su libro, Lola no quería parar, así que decidió viajar a Dijon.

✶✶✶

Al día siguiente Lola tomó el autobús con destino a Dijon, Francia. Quería hablar con Miralles por todos los medios. El viaje a Dijon era largo y pesado. El autobús debía pasar por muchas ciudades francesas: Perpiñán, Carcasona, Béziers, Montpellier, Lyon, hasta, finalmente, llegar a Dijon.

Varias horas más tarde, Lola llegó a la ciudad francesa. Estaba cansada y no había dormido muy bien en el autobús. «¡Qué viaje más duro!», pensó. Pero decidió no ir a un hotel y buscar la residencia de Miralles.

Tras caminar un rato por las calles del centro de Dijon, Lola encontró la residencia donde vivía Miralles. Era un edificio viejo de piedra blanca, muy bonito. Antes de llegar a él, Lola pasó por una puerta de metal muy grande, de color verde, y caminó por unos jardines enormes. En los jardines había bancos de madera donde sentarse. Algunas personas mayores paseaban junto a sus familias, otras jugaban a las cartas, otras leían. Hacía sol y Lola miró el edificio y los jardines y pensó: «¡Qué lugar tan bonito!».

Lola caminó hasta la recepción de la residencia para gente mayor. Allí había una señora que llevaba un traje blanco y un sombrerito pequeño en la cabeza, también de color blanco.

—¿Puedo ayudarle? —le preguntó la señora.

Lola sonrió y dijo:

—Hola, me llamo Lola Cercas, soy española. Lo siento, mi francés no es muy bueno. Busco a un señor que vive aquí. Es muy mayor, debe de tener unos ochenta años y es español. Se llama Miralles.

—Ah, sí. Miralles, lo conozco. ¿Es usted alguien de su familia? —preguntó la mujer.

—No. Soy escritora. Estoy escribiendo un libro sobre la Guerra Civil Española. Miralles tiene información que necesito. Me gustaría hablar con él —respondió Lola.

—Está bien —dijo la mujer—. Miralles está en la sala de la televisión. Camine por ese pasillo hasta llegar a una sala grande.

—Muchas gracias —dijo Lola.

Lola tomó el pasillo hacia la sala de la televisión. Era un pasillo grande, con muchos colores en el suelo y las paredes. En la sala de televisión, sentado en una silla, había un hombre muy mayor, con muchas cicatrices en la cara. «Debe de ser él» —pensó Lola. La escritora se acercó a él.

—¿Miralles? —preguntó Lola—. ¿Es usted Miralles?

Miralles se giró y vio a Lola.

—¿Quién quiere saber eso? —dijo el viejo.

—Soy Lola. El otro día hablé con usted por teléfono. Por favor, hable conmigo —dijo Lola.

—¿Usted nunca tira la toalla? —sonrió Miralles.

—Solo quiero hablar con usted. Estoy escribiendo... —dijo Lola.

—Sí, ya lo sé. Un libro, un libro sobre la guerra —dijo Miralles—. Está bien. ¿Qué quiere? ¿Qué cosas quiere saber? —preguntó Miralles.

—Me gustaría que me contara...

—¿Qué pasa, no tiene héroe para su libro? —dijo Miralles—. Ustedes los escritores solo quieren ser famosos.

—No es verdad —dijo Lola—. Yo solo quiero saber si usted estuvo en el fusilamiento de Rafael Sánchez-Mazas.

—¡Estuve en muchos fusilamientos! —dijo Miralles—, ¡y no los olvidaré nunca! ¿Quiere saber qué cosas aprendí en la guerra? Pues aprendí que lo único que importa en la vida es estar vivo. ¡Eso es lo que aprendí! ¿Me entiende?

—Usted era un soldado republicano, ¿cuál era su trabajo? ¿Qué hacía en la guerra? —preguntó Lola.

—Mi trabajo era controlar a los prisioneros —respondió Miralles—. Hacía lo que me decían mis jefes.

—¿Conoció a Rafael Sánchez-Mazas? —preguntó Lola.

Miralles no habló durante un rato. Lola lo miró. «Es verdad que el viejo tiene muchas cicatrices» —pensó.

—Sí. Conocí a Sánchez-Mazas. Me acuerdo de cuando lo trajeron —dijo Miralles.

—¿Estuvo usted en su fusilamiento? —preguntó Lola—. Rafael sobrevivió al fusilamiento gracias a un hombre —continuó—. Rafael escapó con vida del fusilamiento y corrió hacia el bosque. Allí se escondió entre los árboles. Un soldado republicano lo descubrió entre los árboles, escondido. Los compañeros de este soldado le preguntaron: «¿Has encontrado a alguien?». El soldado miró a Rafael durante unos segundos y finalmente dijo: «¡No! ¡Aquí no hay nadie!». Aquel soldado le salvó la vida.

Miralles se levantó.

—¿Quiere un café? —le preguntó a Lola.

—Sí, por favor —respondió Lola.

Miralles caminó hacia una mesa donde había café fresco y tazas de café. Sirvió dos tazas con leche y azúcar y caminó con los cafés hacia las sillas donde estaban sentados él y Lola.

—Aquí tiene —dijo Miralles al darle a Lola su taza de café—. Usted busca un héroe para su libro —dijo—, pero todos los que sobrevivimos la guerra fuimos héroes —dijo Miralles—. Me acuerdo de todos los nombres de los hombres que sobrevivieron a la guerra conmigo... ¿para qué quiere encontrar al soldado republicano que no mató a Sánchez-Mazas?

Lola pensó durante unos minutos. Finalmente dijo: —Quiero encontrar al soldado para preguntarle qué pensó, por qué no lo mató ese día, cuando lo encontró en el bosque. Cuando tenía un rifle en sus manos. Cuando pudo matarlo. ¿Por qué no lo mató?

—¿Por qué iba a matarlo? —preguntó Miralles, algo enfadado.

Una idea loca apareció en la cabeza de Lola. «¿Es posible que...?», pensó de repente. «No estoy segura, pero quiero saber la verdad. Tengo que hablar con él hasta saber la verdad», pensó.

Miró a Miralles a los ojos y le dijo: «Podría haberlo matado porque en las guerras la gente se mata». Lola hizo una pausa para que sus próximas palabras tuvieran un gran efecto. —¡Pero usted no lo hizo!

Miralles y Lola se miraron a los ojos. Al cabo de unos minutos Miralles se levantó de la silla.

—¿A qué hora sale su tren? —preguntó.

—Es un autobús —dijo Lola—. Y sale dentro de una hora.

—La acompaño a la salida—dijo Miralles.

Lola y Miralles caminaron por el pasillo de colores hacia la salida del edificio. Atravesaron los jardines, pasaron por delante de los bancos donde había unos viejos jugando a cartas y otros hablando con sus familias.

—¿Volverá a visitarme? —preguntó Miralles.

—Si usted quiere... —dijo Lola.

—Antes de que se vaya, quiero pedirle un favor —dijo Miralles.

—Claro —respondió Lola.

—Hace muchos años que no abrazo a nadie —dijo Miralles con la voz triste.

Lola y Miralles se abrazaron durante unos minutos. Lola le tomó la mano, le miró a los ojos y le dijo: «Usted era el soldado que salvó a Miralles, ¿verdad?».

—No —respondió Miralles—. Yo no era ese soldado. Ahora, váyase.

Lola paró a un taxi y entró en él. Bajó la ventana y le dio la mano a Miralles. Lola le dijo al taxista:

—A la estación de autobuses, por favor.

Mientras el taxi se iba, Lola miraba a Miralles. Ella tenía lágrimas en los ojos. Miralles, también.

Capítulo 12
«Todos ellos son mis héroes»

Lola llegó a la estación de autobuses y buscó el autobús hacia Gerona.

Ella sabía que Miralles sí era el soldado que había salvado a Rafael Sánchez-Mazas aquel día de invierno de 1936. Pensó que el verdadero héroe de su libro era Miralles. También pensó que al empezar a escribir su libro ella era simplemente una escritora que no escribía. Una escritora sin inspiración, sin historias que contar.

Pero ahora todas esas personas la habían ayudado a escribir de nuevo: el editor del periódico El País, que le pidió un artículo sobre la Guerra Civil Española. Miguel Aguirre, el historiador que le envió una carta y le habló del libro escrito por el otro prisionero que se escapó del fusilamiento. Su mismo padre, que justo antes de morir le recordó tiempos pasados. 'Los amigos del bosque', esos republicanos que vivieron en el bosque y ayudaron a Rafael Sánchez-Mazas. El mismo Rafael Sánchez-Mazas, el líder franquista que se escapó del fusilamiento.

Conchi, la amiga que conoció en la residencia para gente mayor donde vivía su padre; ella leyó su manuscrito y dijo: «¡Sigue adelante!». Gastón, el alumno que con su trabajo académico le dio la pista de Miralles. Y finalmente Miralles, el soldado republicano que no mató a Rafael Sánchez-Mazas.

Lola se subió al autobús con destino a Barcelona. Estaba cansada pero feliz.

«Ahora puedo terminar mi libro» —pensó—.«Todos ellos son mi inspiración. Todos ellos son mis héroes. Nunca los olvidaré».

FICHA TÉCNICA

LA GUERRA CIVIL ESPAÑOLA

En el año 1936 empezó una guerra en España. Se llamó Guerra Civil Española. Esta guerra duró tres años y fue el comienzo de una época triste para el país. ¿Por qué empezó esta guerra? ¿Quién ganó? ¿Qué pasó después?

LOS PROTAGONISTAS DE LA GUERRA CIVIL ESPAÑOLA

LOS DE IZQUIERDAS

El Frente Unido fue un partido político de izquierdas. Este partido ganó las elecciones generales del año 1936.

Durante la guerra, la gente de izquierdas también se llamó: rojos y republicanos.

LOS DE DERECHAS

La gente de derechas dio un golpe militar y el General Francisco Franco declaró la Guerra Civil.

La gente de derechas también se llamó: franquistas, militares, nacionales.

¿POR QUÉ EMPEZÓ LA GUERRA?

En 1936 hubo unas elecciones generales en España. Hubo muchos disturbios: el nuevo gobierno y sus colaboradores quemaron iglesias y provocaron huelgas.

¿Conoces la historia de tu país? ¿Qué hechos importantes hay en la historia de tu país?

¿QUIÉN GANÓ?

Las tropas militares, con el General Francisco Franco como jefe, ganaron la guerra. Fueron tres años de lucha, desde el año 1936 hasta el año 1939. Durante estos años hubo muchos muertos.

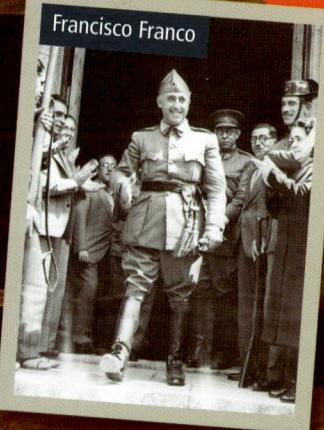

Francisco Franco

¿QUÉ PASÓ DESPUÉS?

Franco se convirtió en el líder militar y jefe de gobierno de España. Su gobierno, una dictadura, duró 36 años, desde el año 1939 hasta 1975.

¿QUÉ PASÓ EN EUROPA?

Los años 30 y 40 fueron años difíciles en Europa. Muchos países europeos fueron ocupados por las tropas nazis de Alemania. Hubo mucha resistencia, campos de concentración y muchas muertes.

¿Qué significan estas palabras? Puedes usar el diccionario:
el disturbio   el golpe militar   la huelga   la inseguridad   la dictadura   la resistencia   luchar

FICHA TÉCNICA

LOS GOYA & LOS ÓSCAR

En el año 2004, la película *Soldados de Salamina* ganó un Goya a la mejor fotografía y obtuvo ocho nominaciones en total. Los Goya son los premios de cine de España. Los Oscar son los premios de cine de Estados Unidos. ¿Qué tienen en común estos dos premios?

¡Ay, Carmela!

Javier Bardem

LOS GOYA

Madrid

- La ceremonia de entrega de estos premios sigue el modelo de la ceremonia de los Óscar en Estados Unidos.
- El premio que consiguen los galardonados se llama Goya. Goya fue un pintor muy famoso en los años 1800.
- Los premios se celebran cada año entre enero y febrero.
- La primera vez que se celebraron los Goya fue en 1987.
- La ceremonia se celebra en Madrid.

LAS PELÍCULAS CON MÁS PREMIOS SON:

Mar Adentro (14 premios), *¡Ay, Carmela!*, (13 premios), *Belle Époque* (9 premios)

ACTOR CON MÁS PREMIOS:

Javier Bardem (5).

LOS OSCAR

Los Angeles

Soldados de Salamina es una historia basada en hechos reales. ¿Conoces alguna otra película sobre algún hecho o persona real? ¿Te gustan estas películas? ¿Por qué? ¿Por qué no?

- La ceremonia de entrega de estos premios es el modelo de la ceremonia de los Goya en España.
- El premio que dan a los ganadores de llama Oscar. Se trata de una estatuilla dorada.
- Los premios se celebran cada año entre febrero y marzo.
- La primera ceremonia de los Oscar se celebró en 1936.
- La ceremonia se celebra en Los Ángeles.

Meryl Streep

LAS PELÍCULAS CON MÁS PREMIOS SON:

Ben-Hur (11 premios), *El señor de los anillos: el retorno del rey* (11 premios), *Titanic* (11 premios).

ACTRIZ CON MÁS NOMINACIONES:

Meryl Streep (16)

¿Qué significan estas palabras? Puedes usar el diccionario.
el premio   obtener   conceder   el hecho real   la entrega
el galardonado   la estatuilla

FICHA TÉCNICA

EL ESCRITOR:
¿UN DETECTIVE EN ACCIÓN?

¿Te gusta investigar casos misteriosos? ¿Sientes curiosidad por las cosas? ¿Te gusta seguir pistas hasta conseguir información? ¿Te gusta escribir? Si es así... ¡quizás el trabajo de escritor sea para ti!

¿CÓMO DEBE SER UN ESCRITOR?

A un escritor le debe gustar trabajar solo. Un escritor pasa muchas horas delante del ordenador, contando historias. Un escritor debe ser paciente, talentoso y creativo.

¿DÓNDE TRABAJA UN ESCRITOR?

Un escritor puede trabajar en muchos lugares: en casa, en una cafetería, en la biblioteca de su ciudad, en centros culturales. Además, un escritor que investiga también pasa mucho tiempo con gente de todo tipo... ¡nunca se sabe quién puede ofrecer la pista o la historia más interesante!

¿Qué herramientas necesita un escritor?

UN ESCRITOR NECESITA:

LA BIBLIOTECA

La biblioteca es un lugar muy útil para los escritores. Allí encuentran todo tipo de información: libros históricos, libros modernos, diccionarios, enciclopedias, archivos de vídeos, archivos de periódicos, etc.

LA RED

La mayoría de escritores tiene accesso constante a internet. En la red los escritores buscan inspiración o información. La red también es útil para contactar con personas interesantes a través de correos electrónicos.

3 Consejos para ser escritor

1. ¡Lee mucho!: Ayuda a pensar en historias y tramas interesantes.

2. Estudia: Puedes estudiar periodismo, literatura, filología, historia, etc.

3. Habla con gente: Las personas con vidas interesantes o anécdotas poco comunes.

LAS ENTREVISTAS

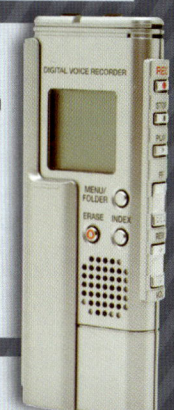

Muchos escritores necesitan hablar con personas que vivieron durante un tiempo pasado, otros necesitan hablar con los verdaderos protagonistas de una historia real.

LOS MAPAS

Los mapas a menudo ayudan a un escritor. Si un escritor debe ir a algún lugar interesante y no conoce la zona, va a necesitar un mapa. Muchas veces el escritor no se mueve de su casa, pero necesita un mapa para usar datos verdaderos en su libro, sobre los lugares en los que viven los protagonistas de su libro.

¿Piensas que el trabajo de escritor es interesante? Si sí, ¿por qué crees que lo es? Si no, ¿qué trabajos piensas que son interesantes?

¿Qué significan estas palabras? Puedes usar el diccionario.
la trama   la filología   la labor   el caso   la pista   la herramienta   la red

TRABAJO INDIVIDUAL

CAPÍTULOS 1 a 5

Antes de leer
Puedes usar el diccionario para esta sección.
1 Usa estas palabras para responder a las preguntas.
   vista   artículos   guerra   pistas   personajes   anciano
   a) Un investigador colecciona... para resolver un caso.
   b) Los protagonistas de un libro o una película son sus...
   c) Si no tienes buena... debes usar unas...
   d) En una... hay varios grupos que luchan por ganar.
   e) Los periodistas escriben ... cada día en el periódico.
   f) A una persona mayor se le llama...

2 Elige la mejor palabra para cada definición.
   a) Un escritor no puede escribir porque no tiene aspiración / inspiración.
   b) En la universidad hay muchos alumnos. Los alumnos estudian para conseguir una carrera / caminata.
   c) Javier es un estudiante de Literatura. Javier es el alumnado / alumno de su profesor.

3 Elige la mejor opción.
   a) Si una persona vive en una residencia de ancianos,
   i) probablemente sea alguien enfermo.
   ii) probablemente sea alguien mayor.
   b) Si durante la guerra hay un fusilamiento,
   i) mucha gente escapará a otro país.
   ii) mucha gente morirá.
   c) Si en una ciudad hay un puente,
   i) probablemente haya un río.
   ii) probablemente haya edificios históricos.

4 Mira los personajes de las páginas 4 y 5. ¿Quién crees que es el o la protagonista de esta historia? ¿Por qué?

Después de leer
5 Responde a estas preguntas.

a) ¿Por qué Lola escribe sobre la Guerra Civil Española?
b) ¿Cuándo hablan Lola y Gastón por primera vez?
c) ¿Por qué a Lola no le gusta Conchi?
d) ¿Por qué Lola lee su artículo en El País a su padre?
e) ¿Quién es Miguel Aguirre?
f) ¿Quiénes son 'Los amigos del bosque'?

6 ¿Qué piensas?
a) ¿Crees que Conchi no es honesta con el padre de Lola?
b) ¿Qué piensas de 'Los amigos del bosque'?
c) ¿Por qué está triste Lola al final del Capítulo 5?

CAPÍTULOS 6 a 8

Antes de leer.
Puedes usar el diccionario para responder a estas preguntas.

7 Completa las oraciones con estas palabras.
escondite fuente sobrepeso desertor tarot avión
a) El ... de avión a Madrid cuesta lo mismo que el de tren.
b) Si alguien no quiere ser visto busca un...
c) Si tu maleta pesa más que el límite de la aerolínea, debes pagar por llevar ... .
d) La persona que abandona una causa o un país es un...
e) Los diarios de otras personas son una ... de inspiración para muchos escritores.
f) Ella lee el futuro en las cartas del...

8 Relaciona las dos partes de estas oraciones sobre cómo escribir un libro.
a) Para poder escribir un libro es conveniente...
b) Lo mejor para encontrar información...
c) Antes de publicar un libro...
i) es consultar en Internet.
ii) se debe trabajar en un manuscrito.
iii) leer, practicar e investigar.

TRABAJO INDIVIDUAL

9 ¿Cuáles son las características que debe tener un escritor?

Después de leer.
10 Responde a estas preguntas.
   a) ¿Por qué viaja Lola a Madrid?
   b) ¿Encuentra Lola lo que busca en la capital?
   c) ¿Con quién se encuentra en el tren de vuelta a casa?
   d) ¿Quiénes son Jaume y Joaquim?

11 ¿Conoces alguna anécdota de tus abuelos o bisabuelos? ¿Qué sabes de la época que vivieron?

CAPÍTULOS 9 a 12

Antes de leer
12 Responde a estas preguntas.
   a) ¿Por qué dos razones Rafael Sánchez-Mazas no murió en el bosque?
   b) ¿Qué es la Falange Española?

Después de leer.
13 Responde a estas preguntas
   a) ¿Quién es el héroe del libro de Lola?
   b) ¿Quién es Miralles?
   c) ¿Qué piensa Conchi sobre el manuscrito de Lola?
   d) ¿Cómo conoce Lola a Miralles?
   e) ¿Dónde vive Miralles?
   f) ¿Quién es el soldado que no mató a Rafael?

14 Responde a estas preguntas
   a) ¿Por qué crees que Miralles dice que él no salvó a Rafael?
   b) ¿Crees que Lola terminará su libro? ¿Por qué?